INSTITUT DE FRANCE

ACADÉMIE DES SCIENCES MORALES ET POLITIQUES

DE LA

NÉCESSITÉ DE RAFFERMIR LES AMES

PAR

M. GEORGES PICOT

MEMBRE DE L'INSTITUT

PARIS

ALPHONSE PICARD ET FILS, ÉDITEURS

82, RUE BONAPARTE, 82

1894

EXTRAIT DU COMPTE RENDU

De l'Académie des sciences morales et politiques

(INSTITUT DE FRANCE)

PAR MM. HENRY VERGÉ ET P. DE BOUTAREL

Sous la direction de M. le Secrétaire perpétuel de l'Académie

NÉCESSITÉ DE RAFFERMIR LES AMES.

Il est en tout temps nécessaire de raffermir les âmes, mais ce besoin s'impose avec une force différente suivant les époques.

Le rôle du citoyen est assez restreint sous certaines formes de gouvernement et, par conséquent, assez rare l'emploi public de son énergie morale.

Pendant de longs règnes, sous Louis XIV ou Louis XV, dans une société organisée que n'agitaient pas de troubles civils, la plupart des hommes demeuraient à leur place, vivant dans les provinces, à la cour ou à l'armée, y déployaient leur valeur ou découvraient leur médiocrité, mais n'avaient pas ces occasions imprévues de grandir et de se perdre qui, en des temps de révolutions, font de chaque biographie un drame. Que de vies simples, que de professions uniformément suivies entre 1655 et 1789 !

Voyez, au contraire, les mêmes personnages pendant la Ligue ou la Fronde, officiers royaux de haut ou de bas étage, siégant au Parlement ou au moindre présidial, lisez leur vie, retrouvez leurs annales secrètes, ces livres de raison que la curiosité moderne recherche, dans lesquels, auprès des détails prosaïques de leur existence, entre le compte de blé battu et le produit de la dernière vendange, vous verrez apparaître tout d'un coup le reflet des colères et des intempérances qui expliquent l'histoire. Pour ces humbles bourgeois tirés à l'improviste de leur existence monotone, il y a une heure où, suivant leur faiblesse ou leur force, leur caractère est à jamais jugé.

Sous un gouvernement monarchique dans le sens où l'entendait Montesquieu, il n'y a guère de place aux échappées du caractère individuel : la première qualité est la discipline.

Tout autres sont les conditions du citoyen sous un gouvernement démocratique. Reposant sur l'individu, le principe de ce gouvernement est de développer son action : la première qualité est l'initiative.

Non seulement chaque membre de la cité possède la liberté, mais il doit en user pour donner l'impulsion au gouvernement. S'il se maintient dans un état passif, il peut être un père de famille respectable, un honnête homme dans le sens que donnait à cette expression la langue du XVIIIe siècle, mais il manque à son devoir et contribue, pour sa part, quoique à son insu, à établir le despotisme de l'État. C'est lui qui est et qui doit demeurer, par le libre jeu de ses forces, le moteur perpétuel. Une défaillance des citoyens, c'est, par un contre-coup direct, une défaillance du gouvernement. Entre eux et lui, il y a une relation de cause à effet. Si on y regarde de près, les responsabilités du gouvernement sont toujours le fruit des responsabilités de l'individu.

Pour qui ne se contente pas de paroles banales et veut appliquer aux phénomènes sociaux et politiques une méthode d'observation rigoureuse, tous les problèmes de cet ordre sont en réalité des problèmes moraux ou, pour parler plus juste, un seul problème moral.

Comment peut-on arriver à faire connaître au citoyen tous ses devoirs ? Comment lui donner le courage de les accomplir ? Comment lui inspirer une volonté plus énergique ? Comment, en un mot, affermir son âme ?

Il serait tout à fait superflu d'essayer de prouver que de la réponse à cette question et de l'efficacité des remèdes dépendent nos destinées. Les axiomes, on le sait, échappent à la discussion comme à la démonstration.

Ce qui est plus utile, c'est de jeter un coup d'œil sur les causes qui affaiblissent les cœurs. Ce n'est pas le lieu de les examiner toutes. Nous voulons insister spécialement sur deux d'entre elles qui sont plus sensibles en notre temps : l'appréhension du lendemain qui enlève toute résolution et la légèreté des esprits.

*

M. Guizot a dit dans ce style admirable dont il avait le secret : « Les maux dont nous souffrons nous semblent toujours incomparables. »

A l'exagération naturelle des contemporains, il y a deux raisons : d'abord il est évident que les maux du passé ne les ayant pas fait directement souffrir, ils ne peuvent mettre en balance ce que l'histoire raconte et ce qu'ils sentent eux-mêmes.

Mais il y a un second motif moins remarqué sur lequel il faut insister parce qu'il contribue à ébranler la volonté.

L'historien qui s'émeut en ressuscitant le passé voit l'ensemble des événements ; il en connaît la trame, en mesure les péripéties, mais il a beau suivre l'ordre des faits, vivre dans le temps qu'il raconte, sa pensée, quoi qu'il fasse, est constamment fixée sur le dénouement, tandis que les acteurs du drame ignorent ce que sera le lendemain ; de là pour les contemporains une appréhension douloureuse qui redouble les maux présents.

Il est rare que les hommes ne soient pas en état de braver les coups de la fortune ; mais la menace d'un événement incertain, d'un malheur inconnu qui pèse sur leur tête, voilà ce qu'ils savent mal supporter. Les hommes de guerre assurent qu'il est moins dur de courir à l'assaut que de se tenir immobile de pied ferme, sans répondre, exposé au feu de l'ennemi, attendant le signal d'un mouvement décisif.

Cette attente dans l'inconnu, cette ignorance des incidents de la bataille, la certitude qu'il y a un danger sans savoir de quel côté il menace, le doute sur l'avenir, c'est le sort commun de nos pères dans toutes les périodes troublées de notre histoire.

C'est en ce sens que tous ont eu le droit de gémir des maux dont ils souffraient et de les estimer incomparables.

Nous partageons les souffrances des politiques sous la Ligue, mais combien nous les ressentirions plus douloureusement si nous ignorions le règne d'Henri IV ! Nous plaignons le chancelier de l'Hôpital, mais nous ne pouvons épouver les mêmes angoisses sur l'avenir de la France parce que nous savons, à n'en pas douter, que tout finira bien. Nous suivons les intrigues d'un prince espagnol, nous assistons aux trahisons de gens qui veulent vendre Paris à l'Espagne, mais le Béarnais tient la campagne, nous savons qu'il règnera et nous ne nous faisons qu'une faible idée des anxiétés qui torturaient les âmes françaises.

Il n'y a pas une époque de découragement dont l'écrivain le plus habile parvienne à faire revivre les tortures morales, parce que le lecteur sait d'avance que l'alarme était excessive et que les événements l'ont partiellement démentie.

Faisons un retour sur nous-mêmes. Dans la crise grave que traverse notre génération, écoutons les plus découragés. Parlent-ils de leurs souffrances actuelles? Ils les mentionnent à peine. C'est l'inquiétude pour le lendemain, c'est la perspective d'une longue suite de maux qui absorbe leur pensée et glace leur courage.

Il y aurait des pages terribles à écrire si l'on voulait raconter l'histoire du découragement en matière politique.

Parmi les résultats qu'il a engendrés, apparaîtrait au premier rang le scepticisme.

Doutant de tout, plein d'alarmes sur l'avenir, le citoyen se laisse aller à son égoïsme, vit au jour le jour, s'abstient de prévoir et d'agir.

La crainte de l'avenir est le motif et l'excuse du découragement ; la conséquence est une sorte de fatalisme qui aboutit à l'inaction. Contre ce mal, il n'y a qu'un remède : se pénétrer de l'expérience du passé, se rendre compte de ce qu'ont supporté, de ce qu'ont souffert nos pères. La vue des efforts accomplis interdit l'abandon de soi-même

★

L'affaiblissement des âmes est dû, en second lieu, à une disposition des esprits très générale et non moins inquiétante : la légèreté native du caractère national exagérée par certaines causes spéciales au temps où nous vivons.

On cherche à se dissimuler ces vérités ; on lit peu l'histoire ; on la comprend mal ; on se lamente sur la situation générale ; on voit les résultats et on remonte rarement aux causes.

Le mal de notre temps, ce n'est pas seulement le goût effréné de l'extraordinaire, c'est une légèreté tenant à une paresse d'esprit très générale. On se décide sur des apparences, sur le premier aspect des choses ; la soudaineté, qui est la première qualité d'un homme d'esprit, est exigée du jugement qu'elle fausse ; la plupart des hommes parlent de ce qu'ils ignorent. Ce caractère est le vice de notre race ; si on y regarde de près, il a fait le malheur de notre histoire : c'est l'esprit de cour dédaignant ce qui est grave, préférant le choix au mérite ; c'est le goût de nouveauté détruisant partout l'esprit de tradition ; la passion du changement et des coups de théâtre, enfantant douze constitutions en un siècle, c'est une instabilité intellectuelle qui vient d'une absence de réflexion sur les choses sérieuses.

En réalité, on ne sait pas étudier. Jamais l'instruction n'a été plus répandue, mais elle n'a gagné qu'en surface.

Pour faire des hommes, en tous les sens du mot, il faut leur apprendre à penser ; il faut leur enseigner le moyen de savoir à fond ce qu'ils cherchent à connaître, de faire bien ce qu'ils font.

Est-ce que le laboureur qui gratterait la surface de vingt hectares récolterait la moitié de celui qui en aurait labouré profondément la dixième partie ?

L'enseignement encyclopédique qui touche à tout sans rien approfondir, qui a affaibli les études grecques, restreint les études latines, multiplié les cours, entrecroisé les programmes, peut convenir à certains esprits d'élite qui se développent au milieu de cette dispersion de la pensée, mais il augmente, dans la masse, les dispositions natives d'une société superficielle qui, prenant l'habitude d'effleurer tout ce qu'elle touche, devient impuissante à rien approfondir.

On enseigne à l'enfant comment on passe d'un sujet à un autre ; l'écolier a quatre ou cinq professeurs qui se disputent ses heures et son attention ; l'adolescent apprend à feuilleter d'une main hâtive ses livres, à entasser dans sa mémoire le plus grand nombre de notions vagues, car il faut avant tout, en présence d'une question, ne pas demeurer muet, et nul candidat n'ignore que deux matières parfaitement sues ne compensent pas une note éliminatoire. Ainsi, dans les classes, dans la préparation des examens, tout est fait en vue de la surface, afin d'atteindre une certaine médiocrité suffisante, tout est disposé pour détourner le jeune homme d'une étude approfondie. Du moins, quand l'homme entre dans la vie, songera-t-il à terminer une si imparfaite éducation ? Où en trouvera-t-il les éléments ? Qu'est devenue de notre temps la lecture ? Le livre qui doit achever le développement de son esprit, où le rencontrera-t-il ? Le livre, dans le sens élevé du terme, ce com-

pagnon de la pensée qui apprend à réfléchir, à quel moment d'ailleurs pourrait-il l'ouvrir ? On a dit que la revue
avait tué le livre. Le journal ne détourne-t-il pas de la revue ?
L'article lui-même paraît trop étendu ; pour le faire ac-
cepter, on le diminue de jour en jour. On ne lit guère, on
feuillette une revue, on parcourt un journal. On ne lit plus
une correspondance de l'étranger ; on veut tout savoir en
cinq lignes. Une dépêche télégraphique est l'exacte mesure
de notre attention.

Cette transformation des habitudes ne favorise-t-elle
pas la légèreté naturelle d'une société ? Comment des
jeunes gens qui n'ont jamais appris à se fixer, à travailler
avec suite, deviendraient-ils des hommes capables d'étudier, d'approfondir et de penser ?

Voyez ce qui se passe pour le licencié ès lettres qui pré-
pare sa thèse de docteur. Quel épanouissement de l'intel-
ligence ! Quel développement soudain de toutes les facultés
de l'esprit ! Pour la première fois, au lieu de disperser son
attention, il la concentre. Mais combien le nombre en est
réduit ! Tous les autres étudiants sont soumis à la méthode
de dispersion.

Ceci est grave pour la portée de l'esprit ; mais la force
morale de l'âme en est atteinte, et c'est là ce que nous
voulons retenir.

Nous avons vu que la force morale de l'individu était in-
dispensable à la force de l'État. Nous savons qu'un homme
frappé de découragement est privé de toute énergie. Sup-
posons que deux hommes, que dix, que mille soient en
proie au même mal, et ce sera en vain que la constitution
la plus libre leur aura été donnée ; elle périra inerte entre
leurs mains.

La liberté n'est pas une plante sauvage qui germe, lève,
fleurit et porte ses graines par le jeu normal de la nature ;
c'est une herbe qui végète, grêle et stérile si on l'abandonne
à elle-même, qui pousse des jets vigoureux si on la cultive,

et qui réserve ses épis de blé les plus féconds à ceux qui lui donnent des soins incessants.

L'erreur de ceux qui nous ont précédés a été de croire que la liberté se suffisait à elle-même. Elle n'a pas le don de transformer subitement une société ; elle ne vaut que suivant la valeur des hommes. L'usage de la liberté veut toute une éducation. Il y a des nations très policées qui ont, dans leurs lois, la liberté et qui ne savent pas s'en servir.

Donner la liberté à une société légère et sceptique, mal instruite de ses devoirs, peu disposée à les pratiquer, c'est une œuvre méritoire parce que la liberté est un bien en soi, mais, il faut le reconnaître, c'est un risque terrible, parce que cette société n'en conçoit pas le prix et que, semblable à un enfant qui brise un instrument précieux, elle peut s'en dégoûter soudainement, dès qu'elle découvre la nécessité de l'effort.

Nous revenons à notre point de départ : des âmes molles, incapables de sacrifice et de suite, sont, dans un régime de liberté, un péril incessant. Or, comme tout l'édifice de la société repose sur l'individu, s'il ne montre ni force, ni cohésion, on risque de découvrir un jour que la construction tout entière a été fondée sur le sable.

La liberté politique ne peut être pratiquée, ne peut être comprise que par ceux qui ont au cœur un idéal de justice et de vérité qui ne repose pas sur les calculs du profit immédiat. La morale de l'intérêt ne peut enfanter que des hommes prêts aux combinaisons les plus basses, à la corruption, pourvu qu'elle soit déguisée ; ils ne voient dans les événements que les jeux de la force et du hasard. Ils ne se laissent conduire que par leurs appétits.

Il faut à l'homme, dès son enfance, une règle de vérité.

La pensée a besoin d'un fondement, la vie d'une direction. Ni l'instruction primaire, ni l'instruction encyclopédique ne nous les fournissent. Il faut les chercher ailleurs. L'instruction morale, la notion de la responsabilité, pour tout dire en un mot, l'idée de Dieu, principe et fin de nos devoirs, où la trouveront nos jeunes gens?

Croire qu'une société puisse s'en passer est de toutes les folies la plus criminelle. Il est maintenant fort inutile de rechercher qui a soutenu ce sophisme, qui l'a prôné, qui en a fait le fondement d'un système. Ce qui importe, c'est qu'aucun homme sérieux ne s'en déclare aujourd'hui partisan. Il n'est pas un penseur digne de ce nom qui, en méditant sur la condition des peuples, ne sente que la morale, la vieille morale tout entière, avec son origine et ses sanctions, est nécessaire à une nation. Or, à l'heure où nous sommes, où est-elle enseignée?

L'écolier en apprendra les conditions dans la famille, si elle a compris la nécessité de collaborer à l'éducation. Mais en dehors d'elle, où la rencontrer? et qui oserait affirmer que de telles lacunes peuvent être comblées?

Parlerons-nous des cours de philosophie? la plupart insignifiants, quelques-uns excellents, mais en bien petit nombre, les autres pernicieux. Recueillerons-nous les leçons qui enseignent ici l'histoire de la philosophie toute seule, là l'économie politique, quelquefois la sociologie, ailleurs la désespérance avec Schopenhauer? ou bien qui transportent dans l'enseignement secondaire les procédés d'investigation, les efforts d'analyse qui conviennent à l'enseignement supérieur? Qui oserait affirmer qu'après la classe de philosophie, l'âme du jeune homme a acquis plus de force, que son esprit ballotté entre les systèmes comme en des tourbillons s'est senti rectifié et affermi?

L'instruction, suivant un mot admirable, ne vaut que si elle est à un certain jour tournée en éducation. L'éducation ne vaut que si elle donne à l'esprit une solidité, c'est-à-dire une base et un but ou, en d'autres termes, une méthode dans l'emploi de la force. Or, la philosophie mal faite est une déperdition de forces ; tandis que, bien comprise, elle doit les consolider.

Dans un livre épuisé, dont une nouvelle édition vient de paraître, un philosophe que l'Académie connaît et apprécie montre que l'œuvre la plus urgente de notre temps est de raffermir les âmes. Ce que M. Ollé-Laprune a voulu, c'est précisément de mettre la philosophie à la portée de ceux qui cherchent une force ; il montre le philosophe n'ayant trop souvent de nos jours d'autre souci que de faire preuve de talent, d'habileté à détruire ou à construire, jouant avec sa pensée comme un artiste avec son instrument et égaré par le désir d'étonner. A ce dilettantisme de l'esprit, il oppose la recherche désintéressée du vrai ; il montre ce qu'en notre temps elle peut apporter de paix à l'esprit; lui traçant son chemin, non pas étroit et battu, mais suivant la courbe la plus large, il fixe son point de départ et son but. « Elle part, dit-il, de l'idée simple confuse, elle va à l'idée simple nette. Elle peine pour y arriver. Elle semble quelquefois tout brouiller, et il se peut que, par suite de l'infirmité humaine, elle brouille tout en effet. L'idée simple est son but. L'idée simple, non pas tout abstraite, mais réelle, vive, c'est l'idée ferme et c'est l'idée féconde. La découvrir récompense des plus durs labeurs. Elle vaut la peine que, pour l'atteindre, on fasse ce grand effort que nous avons décrit » (page 373. 1).

« On philosophe donc pour se rendre raison de ce qui est, pour se procurer de ce qui est une idée nette, autant que possible juste, profonde, complète, vive... C'est la raison humaine prenant conscience et possession de soi. On philosophe pour être plus et mieux homme. » (page 335.)

La souffrance propre de nos contemporains, ce qui les trouble, c'est une sorte d'agitation intérieure qui a pour origine un défaut universel de philosophie. La masse des hommes est mécontente de son sort : ce n'est pas ici le lieu d'en rechercher les causes et de les peser ; mais le fait est

____

(1) *La Philosophie et le temps présent,* page 373.

certain ; nul ne peut le nier. Les heureux de ce monde eux-mêmes qui ne peuvent maudire la destinée ont besoin de maudire quelqu'un et quelque chose : ils sont mécontents des autres et, quand ils sont sincères, mécontents d'eux-mêmes.

Il en résulte une société qui se croit maltraitée, qui s'alarme et se plaint sans avoir, au moment où nous parlons, de griefs sérieux, sans que la misère ait augmenté, alors que les économistes démontrent, chiffres en mains, que les salaires se sont accru plus rapidement que le prix des choses, au milieu d'un progrès indéniable du vêtement, de l'alimentation et du bien-être, avec des institutions de prévoyance, caisses d'épargne, sociétés de secours mutuels, sociétés coopératives, qui se multiplient sans cesse, auprès de législateurs qui mettent au premier rang de leurs préoccupations l'amélioration du sort de ceux qui souffrent.

C'est dans cette impatience universelle, dans ce défaut d'endurance qu'apparaît l'affaiblissement des âmes et le besoin de mieux réfléchir. « Il n'y a personne au monde, disait excellemment La Bruyère, qui ne dut avoir une forte teinture de philosophie. Elle convient à tout le monde ; la pratique en est utile à tous les âges, à tous les sexes, à toutes les conditions ; elle nous console du bonheur d'autrui, des indignes préférences, des mauvais succès, du déclin de nos forces ; elle nous arme contre la pauvreté, la vieillesse, la maladie et la mort. » (T. II, p. 62.)

Il faut se garder de calomnier ses contemporains. La calomnie est, elle aussi, une forme du découragement qui n'est pas exempte de vanité. Nous avons exposé nos défauts, non pour faire la critique et nous y complaire, mais afin de rechercher résolument les remèdes. Ils nous paraissent de deux sortes.

★

M. Thiers a dit : Qu'est-ce qu'un peuple libre ? Un peuple

qui réfléchit avant d'agir. Appliquez ce jugement à un homme, il demeure aussi vrai. Pour être un citoyen libre, dans la haute acception du mot, pour ne se montrer ni léger, ni frivole, pour bannir le découragement qu'appelle le vide de l'esprit, il faut successivement *réfléchir* et *agir*. Ce sont là les seuls remèdes.

La réflexion, c'est la pensée mise en action pour se rendre raison des choses, c'est la suite nécessaire de l'étude des faits. Toute étude amène après elle la réflexion. Toute étude met la paix dans l'esprit. Aux postes divers où nous sommes placés, chacun de nous a le choix des études se rapportant à sa profession, à sa carrière, à ses devoirs, même à ses goûts. Ne nous contentons pas d'effleurer un sujet. Allons au fond. Il n'y a plus d'examen scolaire qui vous force à une banalité universelle. Embrassez une étude spéciale, écoutez votre curiosité; obéissez-lui et devenez, dans l'ordre infime ou supérieur des connaissances que vous aurez choisies, le plus instruit pour votre propre jouissance, ou le plus écouté si vous avez assez de talent pour en faire jouir les autres.

Mais, dit-on, l'étude peut mener à l'erreur : réfléchir ne suffit pas, il faut bien réfléchir.

Soyez sans crainte : si, sincèrement vous voulez arriver à la vérité, la réflexion devenue la règle de votre esprit vous entraînera aux pensées les plus hautes : histoire, lettres, morale, sciences, tout vous ramènera avec le temps vers ce qui est permanent et ce qui est éternel. Cet « audelà » qui aurait dû être la base de votre philosophie en sera le couronnement. Il sera la récompense de vos efforts.

Un peuple dont la cervelle serait creuse ne pourrait être qu'un peuple sceptique. Une nation qui pense est nécessairement une nation qui croit. Avec l'espoir qui accompagne toute croyance disparaît l'idée de décadence qui est une obsession comme chez l'aliéné la pensée du suicide.

Pour compléter la réflexion et ne pas la laisser stérile, il faut l'action.

La jeunesse peut avoir des torts ; il est une qualité que nul ne peut lui refuser et qui doit faire pardonner ses défauts : c'est le besoin d'agir ; la jeunesse actuelle se défie des mots sonores qui ont enthousiasmé nos pères. Ne lui parlez pas trop de dévouement, de sacrifice, de mission à accomplir ; parlez-lui d'action, elle vous écoutera, ses sentiments généreux se réveilleront, et à leur suite elle comprendra tout, mission, sacrifice et dévouement.

Dans les époques de mécontentement, la tâche est illimitée, il y a de grands efforts à faire pour éclairer les esprits, pour améliorer le sort des malheureux, pour donner des formes nouvelles au soulagement des souffrances. Étudier ce qui se fait en France et à l'étranger, le faire connaître, le mettre à la portée des abandonnés, s'attacher à une branche des misères publiques, protéger l'enfant, le sauver du vice, éclairer son esprit, et, ce qui vaut mieux encore, lui donner pour la vie cette force illimitée d'une morale qu'il ignore, favoriser le développement de la famille par la prévoyance, par l'épargne, par le logement ou par la mutualité, rechercher le malade, soutenir le vieillard, étendre une des œuvres qui existe ou en fonder de nouvelles, voilà dans toute son étendue le véritable remède contre le mécontentement de soi-même et des autres, la pratique du devoir social.

En présence des théoriciens qui, voulant demander l'aide de l'État, commettent la folie de lui tout abandonner, il faut réveiller les qualités d'initiative de notre race. L'œuvre est immense. Il y a place pour tous. L'association centuplera les forces ; quand la liberté d'association sera rentrée dans nos lois, elle produira, dans l'ordre social, ce que la vapeur et l'électricité ont enfanté dans l'ordre industriel.

Il ne s'agit pas seulement de lutter contre les projets de ceux qui veulent bouleverser la société, et de démontrer qu'ils sont insensés ; une telle lutte est une négation ; toute négation, si elle est isolée, est frappée de stérilité, si on n'y ajoute pas une affirmation contraire. L'homme ne vaut que lorsqu'il crée. Il n'y a, je le répète, d'autre remède au mal qui nous menace que l'initiative individuelle, c'est-à-dire l'action dans la création. Chacun doit être à la fois à son poste de lutte et à son poste d'activité créatrice.

« Il s'agit ici de l'avenir. Il s'agit, comme l'a dit très fortement M. Ollé-Laprune, de préparer dans les dernières années de ce siècle finissant, un renouveau qui fasse honneur à l'humanité. Chacun, si petit, si humble qu'il soit, 'y doit travailler. Chacun, par ce qu'il dit et fait, hâte ou retarde en quelque chose la décadence ou un regain de santé et de vigueur. Cela est, qu'on le sache ou non, qu'expressément on le veuille ou non. Il faut, le sachant et le voulant, contribuer à rétablir, à accroître la grandeur des esprits et des âmes dans notre France et par elle dans le monde. » (Préf. xxvi.)

Voilà pourquoi il faut raffermir les âmes.

Il nous a semblé utile de dire pour quelle raison, à notre sens, cette œuvre s'imposait ; nous avons recherché ce qui, dans notre temps, avait pu aggraver les défauts héréditaires du caractère national, comment l'enseignement de la responsabilité morale avait tenu moins de place dans l'éducation à l'heure même où les formes du gouvernement, conférant plus de droits à l'individu, le rendaient plus responsable.

On a fait beaucoup pour apprendre au citoyen ses droits ; rien ne doit être négligé pour le pénétrer de ses devoirs, lui faire comprendre ce qu'est son libre arbitre, d'où il vient, à qui il doit en rendre compte, ce que sont les charges et les garanties de la responsabilité humaine. À cette condition seulement, le citoyen deviendra capable et digne d'exercer cette suprême magistrature qui se nomme l'usage de la liberté politique.

A cette condition seulement. cette forme supérieure du gouvernement des sociétés sera à l'abri des retours de fortune et protégée contre les tyrannies également haïssables d'un seul homme ou de la foule.

Il faut que cette nécessité soit comprise. Espérons que nous n'aurons pas à acheter les qualités qui nous manquent par de trop cruelles leçons et que notre génération ou la prochaine, les yeux fixés sur les expériences de l'histoire, saura atténuer les défauts de la jeunesse française, mettre à profit ses mérites d'initiative et de courage, et la préparer aux luttes qui s'annoncent en raffermissant son âme par la réflexion et par l'action.

Orléans. — Imp. Paul PIGELET.